Na Lali i es noals

Il·lustracion

ansa per ansa

Na Lali té poals.

Té nou poals?

No, té sis poals.

Na Lali
té una pala,
una pala lila.

Són plens es poals?

No,
es poals
no són plens.

Plou
i es poals s'omplen.

No, mil poals no,
només sis poals.

Es poals són plens.
No plou pus.

Na Lali seu a taula
i pela un plàtan.

Na Lali i es poals (l)

Llibre cinquè

Ansa per ansa

Llibres per a llegir tots sols

És una col·lecció de vint llibres pensats per a llegir progressivament. S'hi incorporen les consonants d'una en una en el mateix ordre que al material de lectura i escriptura *Ansa per ansa*[1]. Trobareu més informació a: http://www.instituciomoll.cat/ansa-per-ansa/

Les il·lustracions acurades i riques en detalls suggereixen altres usos a més a més de la lectura, sobretot l'estimulació del llenguatge en infants petits, perquè donen peu a l'observació i a la conversa.

Fruïu-ne!

---

1 ABEYÀ, E; FORTUNY, M; MASCARÓ, A. *Ansa per ansa. Material de lectura i escriptura*. Mallorca: Institució Francesc de Borja Moll.

Na Lali i es poals

Llibre cinquè de la col·lecció *Ansa per ansa*.
Llibres per a llegir tots sols

Primera edició: 2018

Julià Álvarez 11, baixos
07004 Palma
http://www.instituciomoll.cat
e-mail: info@instituciomoll.cat

Disseny i maquetació: Flavia Gargiulo

ISBN: 978-84-273-8405-7
DL: PM 327-2018

Imprès a Gráficas Ulzama - Huarte (Navarra)